AF330686

CANTIQUES

DE

NOTRE-DAME DE LA SALETTE

Publiés avec l'Approbation de l'Ordinaire.

DEUXIÈME ÉDITION, REVUE ET AUGMENTÉE.

Vous le ferez passer à tout mon peuple.
(Paroles de la Ste-Vierge aux deux Petits Bergers de la Salette.)

PÈLERINAGE DE NOTRE-DAME DE LA SALETTE
(Isère)
CHEZ LES PP. MISSIONNAIRES.

1860.

GRENOBLE,

MAISONVILLE ET FILS, IMPRIMEURS-LIBRAIRES,

Rue du Quai, 8, vis-à-vis le Jardin de Ville.

1.

APPARITION

DE LA

SAINTE-VIERGE.

On a essayé, dans ces modestes cantiques, de reproduire les enseignements de la Sainte-Vierge sur la montagne de la Salette, avec les circonstances principales de son Apparition, et d'exprimer les sentiments qu'ils font naître dans les cœurs. Pour faciliter l'intelligence de ces chants pieux, il nous paraît utile de les faire précéder d'un précis historique de l'Apparition, renfermant le texte intégral du *Discours* prononcé par la Sainte-Vierge. Ces paroles ont, en effet, la vertu secrète de toucher les cœurs, et doivent être transmises au peuple chrétien, suivant l'ordre exprès de la Sainte-Vierge : « Vous le ferez passer à tout mon peuple. »

L'Apparition eut lieu le 19 septembre 1846, vers les trois heures de l'après-midi : c'était le samedi des Quatre-Temps, aux Premières Vêpres de Notre-Dame des Sept-Douleurs.

Le jour était beau, le ciel pur et sans nuages. Deux jeunes bergers, Maximin Giraud, âgé de onze ans, et Mélanie Mathieu, âgée de quatorze ans, paissaient leurs troupeaux de vaches, sur la montagne du *Planeau*, à une hauteur de 1800 mètres. Vers l'heure de midi, ils arrivaient dans le petit ravin creusé par le ruisseau dit Sézia. Un instant après, ils prenaient leur frugal repas, sur le bord du Sézia, à côté d'une petite fontaine, alors à sec ; puis ils s'endormaient à quelques pas l'un de l'autre. A leur réveil, ils gravissent rapidement le flanc du ravin, et, d'un regard inquiet, ils cherchent leurs troupeaux. Les ayant découverts non loin du ravin, ils redescendaient vers le lieu de leur sommeil, lorsqu'ils aperçurent, sur les bords de la fontaine tarie, une clarté plus éblouissante que le soleil. Et aussitôt, le globe lumineux s'entr'ouvrant, ils virent, au sein de la clarté, *une Dame* assise sur une pierre, dans l'attitude de la douleur, les coudes sur ses genoux, et le visage dans ses mains. A peine les jeunes bergers, dans leur frayeur, avaient eu le temps de s'adresser quelques paroles, que la *belle Dame* se leva, croisa légèrement les bras, et leur dit, d'une voix douce : « Venez, mes « enfants, n'ayez pas peur; je suis ici pour vous « conter une grande nouvelle. »

A cette voix, les enfants s'approchèrent sans crainte de la Sainte-Vierge qui, de son côté, fit quelques pas. Elle leur dit alors, en versant beaucoup de larmes :

« Si mon peuple ne veut pas se soumettre, je « suis forcée de laisser aller le bras de mon Fils. « Il est si lourd et si pesant que je ne puis plus « le soutenir.

« Depuis le temps que je souffre pour vous « autres ! Si je veux que mon Fils ne vous « abandonne pas, je suis chargée de le prier « sans cesse. Et pour vous autres, vous n'en faites « pas cas.

« Vous aurez beau prier, beau faire, jamais « vous ne pourrez récompenser la peine que j'ai « prise pour vous autres !

« *Je vous ai donné six jours pour travailler,*
« *je me suis réservé le septième, et on ne veut pas*
« *me l'accorder.* C'est ça qui appesantit tant le
« bras de mon Fils.

« Ceux qui mènent les charrettes ne savent pas
« jurer sans y mettre le nom de mon Fils au
« milieu.

« Ce sont les deux choses qui appesantissent
« tant le bras de mon Fils.

« Si la récolte se gâte, ce n'est rien qu'à cause
« de vous autres; je vous l'ai fait voir l'année
« dernière, par la récolte des pommes de terre;
« vous n'en avez pas fait cas. C'est au contraire,
« quand vous trouviez des pommes de terre gâtées,
« vous mettiez le nom de mon Fils. Elles vont
« continuer à pourrir, et à Noël il n'y en aura
« plus. »

C'est ici que la Sainte-Vierge, pour se mettre
mieux à la portée des enfants, commença à
leur parler patois. Elle reprit l'alinéa précédent
dont l'intelligence avait surtout échappé à la
jeune bergère, et continua son discours, jusqu'à
la fin, dans le même idiome.

« Si vous avez du blé, il ne faut pas le semer.

« Tout ce que vous sèmerez, les bêtes le mange-
« ront ; ce qui viendra, tombera tout en poussière
« quand vous le battrez. Il viendra une grande
« famine. Avant que la famine vienne, les petits
« enfants au-dessous de sept ans prendront un
« tremblement, et mourront entre les mains des
« personnes qui les tiendront ; les autres feront
« pénitence par la famine. Les noix deviendront
« mauvaises, les raisins pourriront. »

A ce moment, la Sainte-Vierge donna succes-
sivement aux deux bergers leurs secrets, restés
impénétrables jusqu'à ce jour. Puis, elle pour-
suivit :

« S'ils se convertissent, les pierres et les
« rochers seront changés en monceaux de blé,
« et les pommes de terre se trouveront ense-
« mencées par les terres.

— « Faites-vous bien votre prière, mes enfants ?
— « Oh ! non, Madame, pas guère, » répondirent les bergers.
— « Ah ! mes enfants, dit la Sainte-Vierge,
« il faut bien la faire soir et matin. Quand vous
« ne pourrez pas mieux faire, dire seulement un

« *Pater* et un *Ave Maria*, et quand vous aurez
« le temps, en dire davantage.

« Il ne va que quelques femmes un peu âgées
« à la messe. Les autres travaillent le dimanche
« tout l'été, et l'hiver quand ils ne savent que
« faire, les garçons ne vont à la messe que pour
« se moquer de la Religion. Le Carême, on va
« à la boucherie comme des chiens.

— « N'avez-vous jamais vu du blé gâté,
« mes enfants? »

Les enfants répondirent qu'ils n'en avaient
jamais vu. Alors la Sainte-Vierge, s'adressant à
Maximin : « Mais toi, mon enfant, dit-elle, tu
« dois bien en avoir vu une fois, avec ton père,
« vers la terre du Coin. Le maître de la pièce
« dit à ton père : Venez voir mon blé gâté. Vous
« y allâtes tous les deux. Il prit deux ou trois
« épis dans sa main, et puis il les froissa, et
« tout tomba en poussière. Ensuite, en vous en
« retournant, quand vous n'étiez plus qu'à
« demi-heure loin de Corps, ton père te donna
« un morceau de pain, en te disant : Tiens,
« mon petit, mange ce pain, car je ne sais pas
« qui en mangera l'an qui vient, si le blé continue
« comme cela . »

Et le jeune enfant répondit : « C'est bien vrai, Madame, je ne me rappelais pas. »

La Sainte-Vierge dit alors, en français :

« Eh bien ! mes enfants, vous le ferez passer à tout mon peuple. »

Puis Elle traversa le petit torrent, et, à deux pas au delà, Elle dit une seconde et dernière fois :

« Eh bien ! mes enfants, vous le ferez passer « à tout mon peuple. »

Après ces paroles, sans toucher la terre, sans faire plier l'herbe sous ses pas, ses pieds demeurant immobiles, la Sainte-Vierge, dans sa marche toute céleste, gravit le flanc du ravin, à l'orient. Arrivée sur le petit plateau qui domine, Elle s'éleva dans l'air, à la hauteur de quatre ou cinq pieds. Elle regarda le Ciel et puis la terre, et disparut graduellement aux yeux des petits bergers qui se trouvaient à côté d'Elle.

Le costume de la Sainte-Vierge était sévère et, en général, blanc. Son front était ceint d'une couronne de roses aux diverses couleurs ; des roses semblables formaient une guirlande sur les bords de son fichu, et au-dessous de ses souliers. Sur sa poitrine on voyait, suspendue à une petite chaîne, une croix avec son Christ ; sur les bras de la croix, il y avait, à droite, des tenailles, et à gauche, un marteau, qui semblaient ne tenir à rien.

Une lumière resplendissante environnait la Mère de Dieu ; son corps ne projetait aucune ombre au soleil. Son visage, bien qu'inondé de larmes, avait un éclat incomparable ; il était impossible de le regarder fixement. Sa voix était d'une mélodie inimitable, inconnue sur la terre.

Pieux lecteur, souvenez-vous de ces paroles de la Sainte-Vierge : *Vous le ferez passer à tout mon peuple.* Docile à ce commandement maternel, soyez un apôtre zélé de Notre-Dame de la Salette, pour la conversion de son peuple et pour le salut du monde.

CANTIQUES

DE

NOTRE-DAME DE LA SALETTE.

Nº 1.

Ave Maria.

REFRAIN.

Ave Maria !
A la Salette,
Tout cœur répète
Ce chant de fête :
Ave Maria !

—

Notre-Dame de la Salette,
Qu'ici vous donnez de bonheur !
Comme aussi toute voix répète :
A vous tout amour et tout cœur !

Sur votre montagne bénie,
Je vins vous dire ma douleur ;
Et vous, de mes maux attendrie,
Vous voulûtes guérir mon cœur.

Comme dans votre sanctuaire,
Je vous priais avec ardeur !
Et vous, toujours si bonne mère,
Vous consoliez mon pauvre cœur.

Aussi vous donné-je ma vie,
Ma vie avec tout son bonheur !
Recevez, je vous en supplie,
Le retour que vous doit mon cœur.

N° 2.

L'Apparition.

AIR : *Chrétiens qui combattons.* (Lambillotte).

Deux Enfants avaient dit : « Partons pour la Montagne ;
« Sur les plus hauts sommets nous montons aujourd'hui.
« Oh ! que le Ciel est pur ! jamais sur la campagne,
« Et sur les monts, jamais un plus beau jour n'a lui. »

REFRAIN.

Notre-Dame de la Salette,
Vous venez du divin séjour,
Faire notre conquête !
Soyez tout notre amour (*ter*).

Ils montent du *Planeau* le sentier difficile.
Pauvres petits bergers ! leurs cœurs étaient joyeux.
Et bientôt, précédés de leur troupeau docile,
Sous le regard du Ciel, ils atteignent ces lieux.

Ici, vous qui croyez à l'amour d'une Mère
Dont le cœur est toujours abreuvé de douleurs !
Entendez le récit de son angoisse amère :
Vous mêlerez bientôt vos larmes à ses pleurs.

C'était son jour béni, vers le soir, à cette heure
Où commence l'Office en l'Eglise de Dieu.
On chantait les Douleurs de la Vierge qui pleure,
Lorsqu'elle se montra pleurante en ce saint lieu.

Un Enfant s'écria : « Quelle est cette lumière ? »
Et ses regards fixaient la vision de feu !
Le globe en feu s'ouvrit ! Assise sur la pierre,
C'était vous, ô Marie, ô Mère de mon Dieu !

Ses deux mains soutenaient sa tête appesantie !
O Vierge Sainte ! eh quoi ! debout près de la croix,
Ici vous fléchissez !.. Ah ! c'est votre agonie !
Du bras de l'Eternel vous supportez le poids !..

Et la Vierge se lève au sein de la lumière ;
Son front est couronné de célestes splendeurs.
Mais un mystère auguste a révélé la Mère :
Son visage apparaît tout inondé de pleurs.

Et les bergers tremblaient... quand Marie, auprès d'elle
Les appela, disant : « Venez, n'ayez pas peur !
« Enfants, je viens vons dire une grande nouvelle,
« Et faire entendre à tous les plaintes de mon cœur. »

N° 3.

Le Discours et les saintes Larmes.

Air nouveau.

Reine des Cieux,
O Mère bien-aimée,
Dans les splendeurs des saints, de gloire couronnée ;
Reine des Cieux,
O Mère bien-aimée,
Pourquoi tant de tristesse et de pleurs dans vos yeux ?
O bonne, ô tendre Mère,
O Mère de Jésus !
C'est à nous de pleurer d'une douleur amère ;
Mais Vous, ne pleurez plus. *(bis.)*

Elle l'a dit,
Sur la Montagne sainte,
A deux petits Enfants le sujet de sa plainte.
Elle l'a dit,
Sur la Montagne sainte,
Et les petits Enfants en ont fait le récit.
O bonne, ô tendre Mère,
O Mère de Jésus !
C'est à nous de pleurer d'une douleur amère ;
Mais Vous, ne pleurez plus. *(bis.)*

« Priez, Enfants,
« Disait la bonne Mère ;
« De mon Fils irrité désarmez la colère.
« Priez, Enfants,
« Disait la bonne Mère ;
« Comme son bras est lourd, et ses traits menaçants ! »
O bonne, ô tendre Mère,
O Mère de Jésus !
C'est à nous de pleurer d'une douleur amère ;
Mais Vous, ne pleurez plus. *(bis.)*

« Non, non, jamais
« Vous ne pourrez comprendre
« La peine que j'ai prise, au Ciel, pour vous défendre !
« Non, non, jamais
« Vous ne pourrez comprendre
« Ce que doit un enfant pour de pareils bienfaits. »

O bonne, ô tendre Mère,
Nous aimerons Jésus,
Nous voulons, par nos pleurs, apaiser sa colère;
Mais Vous, ne pleurez plus. *(bis)*.

« Vous blasphémez
« Le saint nom que j'adore;
« Vous profanez le Jour où Dieu veut qu'on l'honore.
« Vous blasphémez
« Le saint nom que j'adore!..
« Et Dieu retient le bras des anges étonnés ! »
O bonne, ô tendre Mère,
Nous aimerons Jésus;
Nous voulons, par nos pleurs, apaiser sa colère;
Mais Vous, ne pleurez plus. *(bis)*.

« Dans le saint lieu,
« Pour vous mon Fils s'immole;
« Là, jamais de menace... Il bénit, il console.
« Dans le saint lieu
« Pour vous mon Fils s'immole
« Eh bien! l'on n'y va plus que pour offenser Dieu ! »
O bonne, ô tendre Mère,
Nous aimerons Jésus;
Nous voulons, par nos pleurs, apaiser sa colère;
Mais Vous, ne pleurez plus. *(bis.)*

« Ils n'aiment plus,
« Ingrats ! la sainte Eglise :
« Ses préceptes sacrés, le monde les méprise.
« Ils n'aiment plus,
« Ingrats ! la sainte Eglise...
« Au rang d'êtres impurs, je les vois descendus ! »
O bonne, ô tendre Mère,
Nous aimerons Jésus ;
Nous voulons, par nos pleurs, apaiser sa colère ;
Mais Vous, ne pleurez plus. (*bis.*)

« Et vous, Enfants,
« Aimez-vous la prière ?
« Ah ! le matin, le soir, il faut toujours la faire !
« Oui, mes enfants,
« Faites bien la prière,
« Et portez au bon Dieu des cœurs reconnaissants. »
O bonne, ô tendre Mère,
Nous aimerons Jésus ;
Nous voulons, par nos pleurs, apaiser sa colère.
Mais Vous, ne pleurez plus. (*bis.*)

« Eh bien ! allez
« L'annoncer à la terre,
« Enfants, ce qui du Ciel provoque la colère.
« Eh bien ! allez

« L'annoncer à la terre... »
Ils l'ont fait, tendre Mère, et nos cœurs sont troublés.
O bonne, ô tendre Mère,
Nous aimerons Jésus ;
Nous voulons, par nos pleurs, apaiser sa colère ;
Mais Vous, ne pleurez plus. *(bis.)*

Et des hauteurs
Que sa main a bénies,
On la vit remonter aux sphères infinies.
Et des hauteurs
Que sa main a bénies...
Et toujours les Enfants voyaient couler ses pleurs !
O bonne, ô tendre Mère,
Nous aimerons Jésus ;
Nous voulons, par nos pleurs, apaiser sa colère ;
Mais Vous, ne pleurez plus. *(bis.)*

N° 4.

L'Assomption.

Air : *Ils ne sont plus les jours de larmes.*
(P. Hermann).

—

REFRAIN.

Vous nous quittez, ô tendre Mère !
Le Ciel réclame son bonheur !
Mais laissez-nous, sur cette terre,
Vierge, laissez-nous votre cœur.

—

« Mon cœur te bénit, disait-Elle,
Peuple que Jésus m'a donné. »
Mais, à ces mots, le Ciel l'appelle :
L'heure suprême avait sonné. (*bis.*)

Et son front que la gloire inonde,
S'élevait au divin séjour,
Lorsqu'elle jeta sur le monde
Un long regard de son amour. (*bis.*)

On vit son Image bénie
S'effacer alors ici-bas :
Et la porte de la patrie
Se ferma soudain sur ses pas. (*bis.*)

C'en est fait, j'ai perdu ma Mère !
Le Ciel a repris son trésor :
Mais en son nom mon cœur espère,
Et son amour me reste encor. (*bis.*)

Ah ! si du moins, tendre Marie,
Mon âme emportée après vous,
Eût trouvé l'éternelle vie,
En expirant à vos genoux ! (*bis.*)

Mais non ; aujourd'hui c'est la terre,
C'est le combat, c'est la douleur !
Mais demain, c'est l'heure dernière,
Et puis vous voir ! oh ! quel bonheur ! (*bis.*)

Guidez mes pas dans la carrière,
Soyez ma force en mes combats.
Ici-bas, vous fûtes ma Mère,
Au Ciel, ne la seriez-vous pas ! (*bis.*)

Je pars : créez en ma faiblesse,
Un apôtre de votre amour.
A tous je redirai sans cesse :
Elle nous veut au Ciel un jour. (*bis.*)

N° 5.

Nous le jurons.

Air connu.

Enfants, voyez les pleurs de votre Mère !
Pour vous je viens du séjour des élus.
Hélas ! hélas ! Dieu va frapper la terre.....
O pécheurs ! ne l'offensez plus. (*bis*)

REFRAIN.

Oui, nous jurons, c'en est fait pour la vie,
D'aimer Jésus pour ses bienfaits.
Renouveler vos douleurs, ô Marie !
Non, non, jamais ! (*bis.*)
Nous le jurons, non, non, jamais ! (*bis.*)

Il est toujours le Dieu bon qui pardonne :
Mais à sa voix, chrétiens, plus de refus.
Malheur à ceux que son cœur abandonne !
   Oh ! non, non, ne l'offensez plus. (*bis.*)

Ne tardez plus ; par votre indifférence
A tant d'amour et de bienfaits reçus,
Ne lassez pas sa bonté, sa clémence...
   Oh ! non, non, ne l'offensez plus. (*bis.*)

Le saint Dimanche est un jour de prières ;
Laissez, laissez les travaux défendus.
Ainsi mon Fils le veut ; c'est votre Père,
   Oh ! non, non, ne l'offensez plus. (*bis.*)

Tout front s'incline au nom du Dieu suprême,
Du doux Sauveur, de mon Fils, de Jésus !
Mais, ô douleur ! mon peuple le blasphème.
   Oh ! non, non, ne l'offensez plus. (*bis.*)

Et tous les jours faites bien la prière,
Source de biens et de saintes vertus
Pour la famille où Dieu seul règne en Père.
   Oh ! non, non, ne l'offensez plus. (*bis.*)

Le saint Carême et les lois de l'Église,
Par mes enfants sont partout méconnus.
Mon Fils le dit, c'est lui que l'on méprise !
   Oh ! non, non, ne l'offensez plus. (*bis.*)

O mes enfants ! écoutez votre Mère ;
S'il nous menace , il est toujours Jésus !
Oui, nous pouvons apaiser sa colère ;
    Mais jamais ne l'offensez plus. (*bis.*)

N° 6.

Nous avons péché !

O vous que la gloire couronne,
Jetant les yeux sur nos malheurs,
Vous avez, ô douce Patronne,
Daigné sur nous verser des pleurs !
Priez pour nous, priez sans cesse
Un Dieu justement irrité ;
Changez sa fureur vengeresse
En un regard de sa bonté.

REFRAIN.

Notre-Dame de la Salette,
Du Dieu qui frappe en son courroux,
Le bras est levé sur ma tête !
Mère de Dieu, priez pour nous.

Il est vrai, notre ingratitude
Irrite un Dieu saint et jaloux !
De nos péchés la multitude
Aujourd'hui retombe sur nous !
Vous nous donnâtes, pour la terre,
Six jours d'affaires, de travaux :
Et l'on vous refuse, ô mystère !
Le seul jour de votre repos.

De toute part se fait entendre
L'insulte du blasphémateur.
Ah ! Seigneur, qui pourrait comprendre
De vos traits la douce lenteur !
Vous frappez nos fruits et nos plantes,
Des saisons vous troublez le cours ;
Et, dans nos fureurs délirantes,
Nous resterons pécheurs toujours.

En présence de la colère
D'un Dieu terrible en sa fureur,
Il nous reste encor la prière
Pour soutien et pour défenseur :
Et pourtant, du Dieu qui pardonne,
Qui songe à fléchir le courroux !
Ah ! la prière..., on l'abandonne,
Nul ne sait se mettre à genoux !

Quand sur l'autel, Divine Hostie,
Un Dieu répand ses pleurs, son sang !
Voit-on la foule recueillie,
Frapper sa poitrine en pleurant !
Souvent hélas ! un peuple immense
Abandonne les Saints Autels !
Et parfois, du Dieu qu'il offense,
Brave les regards immortels.

Profanateurs du Saint-Carême,
Enfants révoltés de la Croix,
Le mondain et le chrétien même
De l'Eglise bravent les lois.
Plus de jeûne, plus d'abstinence,
En ce siècle de volupté !
Otez, ôtez la pénitence !
C'est le cri de l'humanité.

Priez, Vierge de la Salette,
Priez pour nous. Ah ! que j'ai peur
De voir demain, sur notre tête,
Tomber les foudres du Seigneur !
Voyez nos pleurs, ô tendre Mère !
Aux pieds du trône de Jésus,
Présentez notre humble prière.
Nous jurons de ne pécher plus.

—

N° 7.

Son Amour.

Air connu (Lambillote).

REFRAIN.

O Mère chérie !
Qu'en ce jour,
Toute voix publie
Votre amour !

—

Vous descendez, ô divine Marie,
Vous descendez sur la terre pour nous ;
Et vous pleurez les péchés de ma vie !
Oh! donnez-moi de pleurer avec vous.

Vous vous montrez brillante et radieuse
A deux enfants qui gardaient leur troupeau ;
Et osus vos pieds, d'une eau miraculeuse,
Je vois soudain jaillir le doux ruisseau.

Je vous contemple, ô Reine incomparable!
Et dans mon cœur naît l'espoir du pardon ;
Oui je l'espère, ô Mère tout aimable!
Après Jésus, vous serez ma rançon.

Source de grâce et de vie éternelle,
Avec Jésus, vous êtes mon bonheur ;
Vous pardonnez à votre enfant rebelle,
Et votre main le conduit au Sauveur.

Vous menacez pour que je me retire
Du précipice où j'allais me jeter ;
Plus de péchés, c'en est fait, je désire,
Dès aujourd'hui, pour jamais les quitter.

Vous annoncez les divines promesses
De votre Fils au pécheur repentant ;
Je les préfère aux honneurs, aux richesses,
Aux vains plaisirs de ce monde inconstant.

Mère éplorée, ô très-douce Marie !
Je veux partout publier vos faveurs,
Et consacrer tous les jours de ma vie
A vous servir, à vous gagner des cœurs.

—

N° 8.

La Reconnaissance.

AIR : *Rassemblons-nous en ce saint lieu.*

Sainte Montagne ! Heureux séjour,
Qu'a choisi la Vierge immortelle !
À vous, nos cantiques d'amour,
A vous, la louange éternelle !

REFRAIN.

A la Salette , au Mont chéri des Cieux ,
Où la reine des Anges
Comble de biens le pèlerin pieux ,
Amour ! Honneur ! Louanges !

Qu'un autre chante les grandeurs,
Et les faux plaisirs de la terre !
Pour moi, comblé de ses faveurs,
Je n'ai de chants que pour ma Mère.

Ici, j'ai retrouvé la paix,
Trésor du Ciel, parfum de l'àme !
Dans nos cœurs gardez à jamais
Ce doux présent, ô Notre-Dame !

Vous nous donnez, en ce saint lieu,
Les saints désirs, les douces larmes ;
Et le pardon qui vient de Dieu,
A, près de vous, bien plus de charmes !

Si l'àme en peine, à vos genoux,
Vient vous prier, dans sa détresse,
O bonne Mère au cœur si doux,
De bénir votre main s'empresse !

Ici, vous consolez toujours
Tous ceux qui pleurent sur la terre ;
Toujours vous venez au secours
De l'àme triste et solitaire.

Auguste Reine de ces lieux,
Ah ! soyez-nous bonne et propice !
Du pèlerin jusques aux cieux,
Soyez la tendre protectrice.

Et quand viendra le dernier jour,
Au Ciel, pour l'éternelle fête,
Recevez, ô Mère d'amour!
Les pèlerins de la Salette.

Gloire à l'auguste Trinité!
Gloire à Jésus! Gloire à Marie!
Dans le temps et l'éternité,
Dans l'exil et dans la patrie!

N° 9.

La Prière.

AIR : *J'entends le monde qui m'appelle.*

(Lambillote.)

Salut, montagne révérée,
Salut, Vierge, mon doux espoir!
Terre bénie et consacrée,
Enfin mes yeux ont pu vous voir!
A vos pieds, ô Vierge sacrée,
Daignez ici me recevoir.

REFRAIN.

Du haut des Cieux, Mère auguste et chérie,
Daignez sur nous répandre vos bienfaits ;
Nous le jurons à vos pieds, ô Marie.
Plutôt mourir que vous trahir jamais ! (*ter.*)

Vierge réconciliatrice,
Apaisez le divin courroux ;
Que la grâce réparatrice
De votre Fils nous sauve tous.
O notre unique protectrice !
Nous vous prions à deux genoux.

Patronne et Reine de la France,
Vous savez toutes nos erreurs !
Rendez-nous, avec l'innocence,
La paix, les divines faveurs.
Guérissez les cœurs en souffrance,
Consolez toutes les douleurs.

Nous qu'amène en ce sanctuaire,
Séjour de grâce et de pardon,
La mémoire, toujours si chère,
De la sainte Apparition ;
Nous vous offrons, ô tendre Mère,
De notre cœur le faible don.

Oh ! daignez essuyer les larmes
Que nous versons à vos genoux.
Votre présence a tant de charmes,
Votre œil maternel est si doux !
Espoir ! espoir ! non, plus d'alarmes,
Notre Mère veille sur nous.

Couvrez d'une puissante égide
Le saint et suprême Pasteur
Qui, l'œil sur vous, reste intrépide
Dans les revers et les malheurs !
Que votre main toujours le guide ;
Car votre amour fait son bonheur.

Priez pour l'âme infortunée
Que menace le divin Roi,
Et pour la brebis égarée
Loin de l'unique et sainte loi.
Espoir de l'âme délaissée,
Donnez-nous l'amour et la foi.

Vierge, l'humble enfant qui vous prie
Avec tant d'ardeur en ce jour,
A, dès l'aurore de sa vie,
Connu les dons de votre amour.
O Mère uniquement chérie,
Soyez-moi bonne sans retour.

Donnez à mes yeux la lumière,
A mon cœur le divin amour;
Élevez-moi, par la prière,
Bien loin de ce mortel séjour.
Vierge sainte, soyez ma mère,
Ma mère jusqu'au dernier jour.

A votre doux cœur je confie
Tous les cœurs que chérit le mien;
Dans les combats de cette vie,
Vous serez leur puissant soutien;
Vous serez leur mère, ô Marie!
Et je ne désire plus rien.

N° 10.

Protégez la France.

Air : *Vierge sainte, rose vermeille.*

—

C'en est fait, Auguste Marie,
Tant de crimes audacieux,
Contre mon ingrate patrie,
Ont armé le courroux des Cieux!

Ah ! de la divine vengeance
Quel bras peut arrêter le cours !
Le bras seul qui sauva la France,
Toujours, toujours, toujours!

> } ter.

La voix horrible du blasphème
Défie encor le Créateur ;
Et l'on voit le chrétien lui-même
Profaner les jours du Seigneur.
Vierge, désarmez la vengeance
Qui déjà punit nos forfaits.
Votre cœur oublier la France !
Jamais, jamais, jamais !

> } ter.

Naguère encore, auguste Reine,
Nos cités, fêtant vos grandeurs,
Vous proclamaient leur souveraine,
Malgré l'impie et ses fureurs.
Montrez, montrez votre puissance;
Donnez-nous de plus heureux jours.
O Vierge, protégez la France
Toujours, toujours, toujours !

> } ter.

Voyez, voyez notre misère
Vous tendre des bras suppliants !
Ne seriez-vous plus notre mère,
Quand nous nous disons vos enfants!

A nos champs rendez l'abondance ;
Aux cœurs, l'innocence et la paix...
Marie, abandonner la France !
Jamais, jamais, jamais !   } ter.

Aux jours d'une aveugle folie,
Mille systèmes dissolvants
Inondaient déjà la patrie,
Comme les laves des volcans !
Soudain votre auguste puissance
Du torrent enchaîna le cours.
Oui, vous protégerez la France
Toujours, toujours, toujours !   } ter.

Souvenez-vous, tendre Patronne,
Qu'un de nos rois a consacré
Et ses Etats et sa couronne
A votre pouvoir vénéré.
Vos enfants, Mère de clémence,
Se souviennent de vos bienfaits !
Votre cœur oublier la France !
Jamais, jamais, jamais !   } ter.

N° 11.

La Sainte Montagne..

Air connu.

Pourquoi cette sainte allégresse?
Pourquoi ces chants mélodieux,
Et cette foule qui se presse
Dans ce temple et sur ces hauts lieux?

REFRAIN.

A vous nos chants de fête,
Vierge de la Salette,
Reine des célestes faveurs!
A vous nos chants de fête,
Vierge de la Salette,
A vous nos serments et nos cœurs!

Vous, dont la cime solitaire,
Disparaissait dans les hauteurs!
O Montagne aujourd'hui si fière,
Qui donc vous couvre de splendeurs?

— « Ah ! depuis qu'une auguste Mère
« Visita mes sommets déserts,
« Je suis le mont de la prière,
« Le rendez-vous de l'univers !

« Mes eaux si douces et si pures
« Désaltèrent le voyageur :
« L'âme y dépose ses souillures,
« Et le corps souffrant sa douleur.

« Ici les fêtes sont plus belles ;
« Le cœur y chante plus heureux !
« L'on touche aux rives éternelles,
« Et l'on croit être dans les Cieux ! »

— Non ! ne me parlez pas du monde,
Dont je n'entends plus le vain bruit.
Au jour dont la clarté m'inonde,
Je vois la terre qui s'enfuit !

Notre-Dame de la Salette,
Votre amour a dompté mon cœur ;
Mais ma gloire est dans ma défaite ;
Votre triomphe est mon bonheur.

Quand on a goûté tous les charmes
De votre amour plein de douceur ;
Quand on a vu couler vos larmes,
Comment vous refuser son cœur !

Je vous donne, ô tendre Marie,
Mon âme avec sa liberté,
Tout mon bonheur, toute ma vie,
Mon amour, mon éternité!

N° 12.

Saints Transports.

REFRAIN.

O Montagne bénie,
Où je voudrais mourir !
Vous serez de ma vie,   } ter.
Le plus doux souvenir.

Je disais à ma Mère :
Oh ! ne verrai-je pas
La Montagne si chère,
Les traces de vos pas;

Et la source bénie
Qui naquit de vos pleurs,
Quand vous disiez, Marie,
Vos suprêmes douleurs !

Je disais ma prière,
Plein d'espoir, tous les jours ;
Car la divine Mère
Nous exauce toujours...
Oui ! c'est Elle, c'est Elle
Qui m'a pris par la main ;
Et la Vierge fidèle
M'a fait son pèlerin.

O ma chère Salette !
Mont sacré, lieux bénis !
Mon cœur est tout en fête,
Mes vœux sont accomplis.
O pieux sanctuaire !
Séjour délicieux !
Le Ciel est sur la terre,
La terre monte aux Cieux !

O mon âme ! ô mon âme !
O bienfait ! ô bonheur !
Tout mon être s'enflamme
D'une nouvelle ardeur !

Comment !.. C'est ici même
Qu'Elle a versé des pleurs ;
Que la Vierge que j'aime
Racontait ses douleurs !..

Ici, d'un cœur de Mère
C'est le suprême effort :
Pour lui, c'est le Calvaire,
Pour nous c'est le Thabor !
O douce Notre-Dame !
Vous avez, dès ce jour,
Tout l'amour de mon âme,
Mon éternel amour !

Et vous-même, à sa vue,
Quand Elle vint, un jour,
N'étiez-vous pas émue,
O Montagne d'amour !
Vous frémissez encore,
Sous ses pas immortels !
Je le sens quand j'adore
Au pied de ces autels !

N° 13.

La Fête.

Air connu.

—

REFRAIN.

A la Salette ,
Un chant de fête
Dit en ce jour :
Mère si bonne,
Mon cœur vous donne
Tout son amour !

—

Sur la colline,
Mère divine ,
Coulaient vos pleurs !
O Mère tendre,
Faites comprendre
Tant de douleurs !

O Notre-Dame,
Puisse mon âme
Pleurer d'amour !
Que je vous aime
Plus que moi-même,
Et sans retour !

Ici, ma Mère,
Sur ce Calvaire
De la douleur.
Toujours si bonne,
Votre main donne
Le vrai bonheur.

Aimable Reine,
Toute âme en peine,
Tout cœur souffrant,
Pécheur ou juste,
O Vierge auguste,
Est votre enfant.

Votre parole
Soutient, console
Dans tout malheur.
Votre voix sainte
Bannit la crainte
Et la douleur.

O tendre Mère !
Soyez sur terre,
Jusques aux cieux,
Notre espérance :
De la souffrance
Comblez les vœux.

Votre main guide
L'enfant timide
En son chemin.
Dans leur épreuve,
Gardez la veuve
Et l'orphelin.

Comme l'enfance
Et l'innocence,
Daignez bénir,
Avec clémence,
La pénitence,
Le repentir.

Par vous, ma Mère,
L'Eglise espère
Des jours heureux !
Donnez au monde
La paix profonde
Qui vient des cieux !

Et de ma vie,
Je vous confie
Le dernier jour,
La dernière heure,
Pour que je meure
Dans votre amour.

N° 14.

Le Soir de la Fête.

AIR : *Vois à tes pieds, Vierge Marie.*

(Lambillote.)

Vierge d'amour ! Rose mystique !
Je viens, le soir de ce beau jour,
Vous dire mon dernier cantique,
Et mes serments et mon amour.

REFRAIN.

Le soir de votre douce fête,
Voici nos cœurs, Mère, pour vos bienfaits.
Non ! vos enfants, Vierge de la Salette,
Ne vous oublieront jamais !
Non ! non ! non ! non ! jamais.
Non ! non ! jamais !

Votre fête, ô divine Mère,
Passée au pied de votre autel,
N'est pas un jour de cette terre...
Non ! c'est une fête du Ciel !

L'autel paré, les fleurs bénies,
Les flots d'encens, les chants pieux,
Tout parlait aux âmes ravies,
Tout parlait du bonheur des Cieux.

Comme en l'éternelle patrie,
Les cœurs disaient leurs saints transports ;
Et des saints Anges l'harmonie
Semblait s'unir à nos accords.

Qu'êtes-vous, ô fêtes du monde,
Auprès des fêtes du saint lieu !
Ah ! quelle douce joie inonde
L'âme inclinée aux pieds de Dieu!

Il semblait que de notre Mère
L'Image sainte, aux yeux si doux,
Souriait à chaque prière
Que nous disions à ses genoux.

Oui, toujours je jure, ô Marie,
De vous aimer, d'aimer Jésus.
Mais vous, fêtes de la patrie,
Fêtes sans fin, ne tardez plus !

Ne tardez plus, Céleste fête !
Trop long exil, hâte, hâte ton cours !
Au ciel bientôt, Vierge de la Salette,
Nous vous aimerons toujours !
Toujours ! toujours ! toujours !...
Toujours ! toujours !

N° 15.

Le Ciel en est le prix !

Air connu.

—

REFRAIN.

Le Ciel en est le prix !
Vierge de la Salette ,
Il sera ma conquête ,
Vous me l'avez promis !
Le Ciel (*ter*) en est le prix ! (*bis*)

—

Le Ciel en est le prix !
Mais écoutez ma plainte,
Observez la loi sainte,
Que vous donna mon Fils.
Le Ciel (*ter*) en est le prix ! (*bis*)

Le Ciel en est le prix !
Son courroux te menace !
Rends-moi, pécheur, de grâce,
Le jour que tu m'as pris.
Le Ciel (*ter*) en est le prix ! (*bis*)

Le Ciel en est le prix !
Au nom que tout adore,
Et qu'on blasphème encore,
Chrétiens, plus de mépris !
Le Ciel (*ter*) en est le prix ! (*bis*)

Le Ciel en est le prix !
Soyez, sur cette terre,
Des enfants de prière,
Et vous serez bénis !
Le Ciel (*ter*) en est le prix ! (*bis*)

Le Ciel en est le prix !
Mon Fils, Sainte Victime,
S'immole pour ton crime,
Au saint lieu que tu fuis !
Le Ciel (*ter*) en est le prix ! (*bis*)

Le Ciel en est le prix !
L'abstinence est facile,
Si ton cœur est docile
Au Dieu du crucifix.
Le Ciel (*ter*) en est le prix ! (*bis*)

Le Ciel en est le prix !
Mais faites pénitence ;

Au Dieu que l'on offense
Portez des cœurs contrits.
Le Ciel (*ter*) en est le prix ! (*bis*)

Le Ciel en est le prix !
Au repentir je donne
L'immortelle couronne
Au sein du Paradis !
Le Ciel (*ter*) en est le prix ! (*bis*)

Le Ciel en est le prix !
A la faible nature,
La croix paraît bien dure ;
Mais, toujours, je lui dis :
Le Ciel (*ter*) en est le prix ! (*bis*)

N° 16.

Sur la terre comme aux cieux.

Air de saint Casimir.

Que la terre au ciel s'unisse
Dans sa jubilation !
Que tout l'univers bénisse
La sainte Apparition !

REFRAIN.

Doux mystère
De ma Mère,
Qu'on vous célèbre en tous lieux ;
Ma Salette,
Qu'on vous fête
Sur la terre comme aux cieux.

A jamais les chants de gloire
De la céleste Sion,
Célèbrent votre mémoire !,
O sainte Apparition !

A vous gloire, honneur, louanges,
Amour, bénédiction !
C'est le cantique des Anges,
O sainte Apparition !

Unis aux saintes Phalanges,
Dans leur admiration,
Les Saints chantent vos louanges,
O sainte Apparition !

Dans l'exil tout vous implore,
Douce consolation !
Tout vous prie et vous honore,
O sainte Apparition !

O d'amour gage suprême,
O douce dévotion !
Mon cœur vous bénit, vous aime,
O sainte Apparition !

Donnez-nous pardon et grâce,
Faveur et protection ;
Le Dieu jaloux nous menace,
O sainte Apparition !

Donnez à tous assistance :
Aux coupables le pardon,
Aux justes persévérance,
O sainte Apparition !

Au Dieu de toute puissance,
Suprême adoration !
A vous la reconnaissance,
O sainte Apparition !

Et mon vœu, douce Marie,
Et ma résolution,
C'est d'aimer toute ma vie
La sainte Apparition !

—

Nᵒ 17.

Un Amour éternel.

REFRAIN.

Dans votre sanctuaire,
En ce jour solennel,
Je vous jure, ô ma Mère,
Un amour éternel.

—

C'en est fait : pour la vie,
Je vous donne mon cœur ;
Mais vous, Mère chérie,
Calmez votre douleur.

Pour les péchés du monde
Vos larmes ont coulé ;
Quelle douleur profonde,
O cœur immaculé !

O ma très-douce Mère,
O mère de Jésus,
Je promets, pour vous plaire,
De ne l'offenser plus.

Ils ne font plus envie,
Le monde et tous ses riens,

A mon âme ravie
Par l'amour des vrais biens.

Le saint jour de prière
Appartient au Seigneur ;
Il aura sur la terre
Tout l'amour de mon cœur.

Je l'aime et je l'adore
Le nom béni de Dieu ;
Je veux l'aimer encore
En tout temps, en tout lieu.

Douce voix maternelle,
A vos enseignements
Je veux être fidèle
Jusqu'aux derniers moments.

A la fin de la vie,
Vous chanter tous en chœur,
Sera, dans la patrie,
Notre éternel bonheur.

N° 18.

Les Adieux.

Air connu.

—

Mon cœur s'émeut et ma voix pleure :
C'en est donc fait, il faut partir !
Heureux séjour, sainte demeure,
Il faut vous quitter sans mourir !

REFRAIN.

Je pars ! Adieu, Mère chérie ;
Mais à jamais, dans ce saint lieu,
Gardez mon cœur, Vierge Marie !
Adieu, ma tendre Mère, adieu ! (*bis.*)

Douce Vierge de la Salette,
Auprès de vous, mes jours heureux
Coulaient dans cette paix parfaite
Que j'avais cru n'être qu'aux cieux !

C'est là que mon âme attendrie
Aimait à prier chaque jour ;
Dans ces lieux où, Mère chérie,
Coulèrent tant de pleurs d'amour !

J'ai vu la trace qu'ont empreinte
Vos pieds, en ce lieu de douleur !
Et cette trace toute sainte,
Je l'ai baisée avec bonheur !

Ah ! malheur à moi si j'oublie
Les dons que votre amour m'a faits !
Je n'ai rien, je n'ai que ma vie !
Prenez-la pour tant de bienfaits !..

J'irai partout, écho fidèle
De la voix qui parle en ce lieu,
Dire sa plainte maternelle,
Et rappeler les droits de Dieu !

Adieu ! plein de reconnaissance,
Je vais où me veut le devoir :
Mais mon cœur garde l'espérance
De revenir un jour vous voir !

DERNIER REFRAIN.

Je pars ! Adieu, Montagne sainte,
Trône de la Mère de Dieu !
O vous, le témoin de sa plainte,
Adieu, Sainte Montagne, adieu !

Nº 19.

A la Mère des Douleurs.

CHANT DE L'ÉGLISE.

Stabat Mater dolorosa
Juxta crucem lacrymosa,
Dum pendebat Filius.

Cujus animam gementem,
Contristatam et dolentem,
Pertransivit gladius.

O quam tristis et afflicta
Fuit illa benedicta,
Mater Unigeniti!

Quæ mœrebat et dolebat,
Pia Mater, dum videbat
Nati pœnas inclyti.

Quis est homo qui non fleret,
Matrem Christi si videret
In tanto supplicio?

Quis non posset contristari,
Christi Matrem contemplari
Dolentem cum Filio ?

Pro peccatis suæ gentis
Vidit Jesum in tormentis,
Et flagellis subditum.

Vidit suum dulcem Natum
Moriendo desolatum,
Dum emisit Spiritum.

Eia Mater, fons amoris,
Me sentire vim doloris
Fac ut tecum lugeam.

Fac ut ardeat cor meum
In amando Christum Deum,
Ut sibi complaceam.

Sancta Mater, istud agas,
Crucifixi fige plagas
Cordi meo valide.

Tui Nati vulnerati,
Tam dignati pro me pati,
Pœnas mecum divide.

Fac me tecum pie flere,
Crucifixo condolere,
Donec ego vixero.

Juxta Crucem tecum stare,
Et me tibi sociare
In planctu desidero.

Virgo virginum præclara,
Mihi jam non sis amara :
Fac me tecum plangere.

Fac ut portem Christi mortem,
Passionis fac consortem,
Et plagas recolere.

Fac me plagis vulnerari,
Fac me cruce inebriari,
Et cruore Filii.

Flammis ne urar succensus,
Per te, Virgo, sim defensus,
In die Judicii.

Christe, cum sit hinc exire,
Da per Matrem me venire,
Ad palmam victoriæ.

Quando corpus morietur,
Fac ut animæ donetur
Paradisi gloria. Amen.

Nota. — *Indulgence de cent jours* chaque fois *qu'on le récite.*

N° 20.

Litanies de la Sainte Vierge.

—

Kyrie eleïson.
Christe eleïson.
Kyrie eleïson.
Christe, audi nos.
Christe, exaudi nos.
Pater de cœlis, Deus,
Fili Redemptor mundi, Deus
Spiritus Sancte, Deus,
Sancta Trinitas, unus Deus,

Miserere nobis.

Sancta Maria, ora pro nobis.
Sancta Dei Genitrix,
Sancta Virgo virginum,
Mater Christi,
Mater divinæ gratiæ,
Mater purissima,
Mater castissima,
Mater inviolata,
Mater intemerata,
Mater amabilis,
Mater admirabiis,
Mater Creatoris,
Mater Salvatoris,
Virgo prudentissima,
Virgo veneranda,
Virgo prædicanda,
Virgo potens,
Virgo clemens,
Virgo fidelis,
Speculum justitiæ,
Sedes sapientiæ,
Causa nostræ lœtitiæ,
Vas spirituale,
Vas honorabile,
Vas insigne devotionis,
Rosa mystica,
Turris Davidica,
Turris eburnea,
Domus aurea,

Ora pro nobis.

Fœderis arca,
Janua cœli,
Stella matutina,
Salus infirmorum,
Refugium peccatorum,
Consolatrix afflictorum,
Auxilium christianorum,
Regina angelorum,
Regina patriarcharum,
Regina prophetarum,
Regina apostolorum,
Regina martyrum,
Regina confessorum,
Regina virginum,
Regina sanctorum omnium,
Regina sine labe concepta,

Ora pro nobis.

Agnus Dei, qui tollis peccata mundi, parce nobis Domine.

Agnus Dei, qui tollis peccata mundi, exaudi nos Domine.

Agnus Dei, qui tollis peccata mundi, miserere nobis.

Christe, audi nos.

Christe, exaudi nos.

ẏ Ora pro nobis, sancta Dei Genitrix,

℟ Ut digni efficiamur promissionibus Christi.

OREMUS.

Gratiam tuam, quæsumus Domine, mentibus nostris infunde, ut qui Angelo nuntiante Christi Filii tui Incarnationem cognovimus, per passionem ejus et crucem ad Resurrectionis gloriam perducamur : Per eumdem Christum Dominum nostrum. Amen.

NOTA. *Indulgence de trois cents jours*, chaque fois *qu'on les récite.*

TABLE

PAR ORDRE ALPHABÉTIQUE.

—